गुलदस्ता

काव्य-संकलन

राजबाला कपिल

BookLeaf Publishing
India | USA | UK

Made with ❤ on the BookLeaf Publishing Platform
www.bookleafpub.in
www.bookleafpub.com

Dedication

समर्पण

मेरा यह काव्य संकलन **"गुलदस्ता"** उस परम पूजनीय मेरी जननी को समर्पित है, जिन्होंने खुद अशिक्षित होते हुए भी मेरी शिक्षा पर विशेष ध्यान दिया।

Preface

भूमिका

मेरा यह काव्य-संकलन **"गुलदस्ता"** उस परम पूजनीय मेरी जननी को समर्पित है, जिन्होंने स्वयं अशिक्षित होते हुए भी मेरी शिक्षा पर विशेष ध्यान दिया।

वैसे तो मेरे पिता उस समय वकालत किया करते थे और वह भी अंग्रेज़ी माध्यम से। उस समय अंग्रेज़ों का ज़माना था। ग्रामर पढ़ाने का ज़िम्मा तो पिताजी का था, पर मेरी माँ मुझे उठाने से लेकर, चाय-दूध की व्यवस्था करने तक और रात भर जागने तक—हर काम में साथ रही। इसलिए मेरी माँ का अहम योगदान रहा है। मुझे आत्मनिर्भर बनने की प्रेरणा उन्हीं से मिली और इसी कारण इस "गुलदस्ता" के समर्पण की असली हक़दार मेरी माँ ही हैं।जहाँ तक संभव हो पाया है, मैंने सरल भाषा में अपनी कविताओं की रचना की है। मेरी कुछ कविताएँ प्रकृति को समर्पित हैं, कुछ मानवीय रिश्तों को, और कुछ कविताएँ महिलाओं की समस्याओं, उनकी व्यथा, विरह, वेदना और उनके अधिकारों की रक्षा करने की राह दिखाती हैं।यदि भावावेश में मैंने कुछ ऐसा लिख दिया हो जो आपको उचित न लगे, तो कृपया निसंकोच मेरे संज्ञान में लाने का कष्ट करें। मैं आपकी सदैव आभारी रहूँगी।

~ **राजबाला कपिल**

Acknowledgements

आभार

इन शब्दों की यात्रा में जितनी दूरी तय हुई, उतनी ही आत्मा की गहराइयों में उतरने का अवसर मिला।
यह पुस्तक केवल मेरी नहीं—उन सभी की है, जिन्होंने मेरी राह को रोशनी, प्रेरणा और प्रेम से भरा।
मेरे माता-पिता, जिन्होंने सपनों को पंख और संस्कार दिए।
मेरी बेटियां - जिन्होंने हँसी, आँसू और चाय की प्यालियों में अनगिनत कविताएँ बाँटी।
वे मित्र - गुरुजन, जिनकी सीख ने शब्दों को अर्थ और अर्थ को दिशा दी।
और वे अनदेखे पाठक, जिनकी कल्पना में यह काव्य फिर से जन्म लेगा।
आप सबके बिना यह सफ़र अधूरा था।

1. प्यारा वसंत

नव पल्लव नव कुंज कुसुम
नव पुकेंसर लाया प्यारा वसंत
वाग्देवी मां सरस्वती के प्रकट
उत्सव को ले आया प्यारा वसंत
महामारी का कुछ किया अन्त
नये नये रूप में हर्षाया वसंत

उदासी भरे मन में,छायी है निराली छटा
बिखेरी है धूप,हटायी है दुखों की घटा
फूलों में खिलता जीवन नाचे चहुं ओर
वासंती सुगन्ध से मदमस्त मन का मोर
तन मन में उमंग भर लाया वसंत

उस माली का तन मन झूमा
हरे हरे और पील खेतों को चूमा
देख देखकर पीली पीली झूमर
प्रकृति के इस रूप से ही तो चातुर
कोयल की कू कू को सुनकर
सुन्दर राग बन आया वसंत

क्यूं विरहनि अब वन वन घूमें
प्रिय की ही वास को चूमें
जैसे वन वन फिरे कस्तूरी मृग

नहीं खोजता अपना तन मन
विरह का यथार्थ खोज लाया वसंत

2. निमन्त्रण

ढूंढ रही ये दो आंखें,
आलिंगन में समाने को
भेज रही हूं स्नेह निमन्त्रण
प्रिय तुम्हें बुलाने को
मेरे हृदय के सार तत्व
अब आ जाओ मेरी लाज बचाने को

स्वीकार करो बुलावा मेरा
मेरे इस सागर में लगाओ फेरा
लहरें उठतीं हैं यादों की हरदम
ज्वार भाटा है आने को
उठती गिरती इन लहरों के
आओ तूफानो से मुझे बचाने को

तुमने असीमित प्यार दिया था
भर भर अंजुरी मैंने पिया था
नहीं अघाई उस मद से मैं
रहा अधूरा प्याला उससे
मुझमें उस देह की गन्ध अभी है बाकी
साकी आओ अब उस उपवन को महकाने को

अब आ गयी अमावस्या अंधेरी
मुझको बैचेनी है बड़ी गहरी
पल पल छिन छिन ये नयन बरसते

सबकी नज़र लगाती फेरी
पूर्निमा का पूरा चांद दिखाने को
आओ उलझी सी लट सुलझाने को

मेरे हृदय के सार तत्व
अब आ जाओ लाज बचाने को
नेह के सागर में गहरे डूब जाने को
आ जाओ अब तो मुझे साथ ले जाने को
भेज रही हूं स्नेह निमन्त्रण, प्रिय तुम्हें बुलाने को

3. प्रतिशोध

अरे सुनो ,ओ आदम खोरो
तुम्हें बच्चियों का मांस ही
अब रास आने लगा है
ये मत भूलो, मत भूलो कि
इन मासूमों के भी दांत होते हैं

कच्चा चबा जायेंगीं तुम्हें
जिस दिन भी ये दांत पैने होंगें
कंस के वंशों को मिटा देंगीं
योग माया बनकर के
तुम्हारे नाम लेवा न होंगें

कंस का हाल तो सुना ही होगा
आसमान में जाकर बिजली बनी थी
आज भी नहीं बख्शती,उसकी पीढ़ियों को
चुनकर चुनकर,भस्म कर देती है
अपना प्रतिशोध लेकर ही दम लेती है

आसमान में उसके गरजते ही
पनाह ढूढनें लगतें हैं कंस के वंशज
और बच नहीं पाते,उसकी आग से
धधकती है जो ज्वाला, उसकी चमक से
और गिर फूंक देतीहै,अस्तित्व उनका

4. स्मृति

बेल सी लिपटकर उनके तन से
तनिक हरी भरी सी हो जाती हूं
उस सुन्दर से उपवन में
कही सूख न जायें पात मेरे
और झड़ न जायें पतझड़ में
इसी आस में उनके गले लग जाती हूं
तनिक हरी भरी सी हो जाती हूं

मूरत बस एक छपती है अब मेरे दृगों में
जैसे लटके हो फूल किसी सुन्दर गुच्छे में
एक ही झटके में तोड़ ले गया कोई
इस जिया में हूक सी दे गया कोई
अब मैं दामन बचाती जाती हूं
तनिक हरी भरी सी हो जाती हूं

मेरी डाली अब सूखकर ऐंठनें लगी हैं
पत्तियां भी पीली पीली पड़ने लगी हैं
सीचनें को अब बांगवां आता नहीं
खुद ही सींच लेती हूं नयन से
नयनों के नीर से मन के ज़ख्म सुखाती जाती हूं
तनिक हरी भरी सी हो जाती हूं

गिरने को है पत्तियां तो मेरी अब
अधिक रूदन मचायें जो छन से

जैसे कोई चल रहा हो पत्तियों पर
दब जाती है जो उन कदमों के तल से
अब तो छन छन की आवाज़ सुनती जाती हूं
तनिक हरी भरी सी हो जाती हूं

अब तो सूखकर गिरना ही
मुझे रास आने लगा है
मसलने को ही तो सही
अपना कोई बुलाने लगा है
साथ जाने को सहर्ष तैयार हो जाती हूं
तनिक हरी भरी सी हो जाती हूं
बेल सी लिपटकर उनके तन से

5. भोर का तारा

मेरे ध्रुव तारे से,मेरी मुलाकात हो गयी
आंखों आंखों में ही सारी बात हो गयी
कुछ कुछ सुबह का धुंधलका था
और प्रकाश जगमगाता था
कोई कोई टिमटिमाता था

पर वह तो सजग प्रहरी तरह
मुझको इशारे से बुलाता था
देखते देखते ही वो अदृश्य हो गया
और फिर दूसरी वो रात आ गयी
मेरे ध्रुव तारे से, मेरी मुलाकात हो गयी

दोंनों ने कहा, दोंनों ने सुना
हल्का हल्का सा मेरा मन भी था भरा
फिर अचानक से ठन्डी हवा चल पड़ी
मैं भी अपने आंचल को समेटे खड़ी
वो जाने को उत्सुक बहुत था मगर
भारी मन से मैं उसे देखती रह गयी
मेरे ध्रुव तारे से मेरी ,मुलाकात हो गयी
दिन निकला,और उसको तो जाना ही था
शाम को मुझे फिर देना नज़राना ही था
उसको छूने की कोशिश मैं करने लगी
पर उसको तो उजाले में डूब जाना ही था
मुझको खड़ी देखकर वो आगे बढ़ने को था

मैं तो दूर ही दूर से जज्बाती हो गयी
मेरे ध्रुव तारे से, मेरी मुलाकात हो गयी

दिन ने तो उजाला,कर दिया था तभी
छिपाया था उसे अपने आगोश में
कनखियों से भी झांका था उसने मगर
मेरी आंखों ने मुझें धोखा दे दिया
मै तो हक्की बक्की हो गयी थी मगर
उसी क्षण मेरी आंखों से बरसात हो गयी
मेरे ध्रुव तारे से, मेरी मुलाकात हो गयी ।

6. जिजीविषा

आंखें मेरी हैरानी से स्वंय ही फैल जाती है
जब दादी अम्मा है करती
नन्हीं तुरपाई उधड़े ओढ़ने को
देखकर सिहर जाती हूं मै

उस जिजीविषा वाली नारी को
मेरी सिलाई मशीन तो कब से
धूल खाकर जंग से जंग लड़ रही है
उधड़ गये है बेल बूंटें भी उसके
पड़ी हुई अपनी बेकदरी की कहानी कह रही है

समय था वो बहुत ही सुहाना
मै भी महीन से महीन सिल लेती थी
मेरी अवस्था तो दादी से आधी भी नहीं थी
जंजीरा,भरवां,सिंधीं व मैटी जोरदार
और गांठ की कढ़ाई कर लेती थी
अब तो युगों बीत गये है

कपड़ा सूई,सलाई और क्रोशिया पकड़े
केवल हताशा और निराशा है मुझे जकड़े
जबरदस्ती दो ब्रेड उतार लेती हूं
पर आफिस की बस पकड़नें को दौड़ लेती हूं
लंच बाक्स में सूखी सब्जी के साथ में
दो फुलके ही दबोच लेती हूं

दादी अम्मा की आंख तो आज भी
काम कर रहीं हैं बड़ी शान बड़े शान से
घर में रहती थी वे बड़े ही आराम से नाश्ता करती थी
उनको तो ताजा मटठा और गुड़ की डली मिलती थी
उनकी सूई की मशीन तो आज भी
कहीं से भी जंग नहीं खा रही है
वह तो दादी अम्मा की तरह ही
र्निविघन सी चलती जा रही है

मुझे तो सरपट दौड़कर
वहां से वापस आना भी है
आकर संध्या में सबको उनके अनुसार खिलाना भी है
सोचती हूं मैं तो दो जगह पर मुस्तैद हूं
ये सिक्का ही तो जमाना भी है, अब तो ये ही कोरी मेरी आशा है
अपनी स्थिति से अपने मन में पैदा हुई एक ये भग्नाशा हैइसी
ग़लतफहमी में कैद हूं

7. रणभेरी

जागो पांडु पुत्रो! अब अपने गांडीव उठालो
दुर्योधन विनाश कर रहा है
अब तुम सृजन कर डालो

अरे धर्नुधर! मिटाओ इन कौरवों को
जो हैं बुराई,घृणा,और धोखा
छल कपट,और छीना हुआ मौका
तुम्हें फिर से महाभारत लड़ना होगा

अरे ओ पार्थ! आखिर इनको हराना ही होगा
यूं तो ऐसे ही होता रहेगा
यदि नहीं बनायी कोई रणनीति
अधेंरा तो बढ़ता ही रहेगा

हे अर्जुन! तब तो उजियारा छिपनें लगेगा
और जब हमारे अभिमन्यु पर प्रहार हो
चाहे जीत हो चाहे हार हो
चक्रव्यूह तो अवश्य तोड़ना ही होगा

सुनों हे माधव! तुम तो केवल,रथ ही हांकोगें
धनुष पर टंकार तो,पार्थ को हीचढ़ानी होगी
तभी तो जीत पाओगे, ये महाभारत
जो बाणों की मार से,या वचनों के प्रहार से

हे मधुसूदन! सूरज को तो तुम, छिपा लोगे तभी
अर्जुन की प्रतिज्ञा,पूरी होगी जभी
धोखे से ही तो इन्दृ के अरमान पूरे होंगें
जब करण के,कवच कुन्डल दान होंगें
और पांडु पुत्रों के जय यशगान होंगें

8. मेरी मां

लगाये देखती टकटकी
कभी भूले से ही सही
दवारे पर आ जायें वह
राह तकती थी,उनका ही
लगी रहती थी ,हमको पढ़ाने में
काले अक्षरों को पहचानती थी

मुझको आगे आगे बढ़ानें में
जोर देती अक्सर खड़े होंने को अपने पैरों पर
हाथ का टुकड़ा भी तो
एकदम छूट जाता था
हाथ से उनके,इसी आशा में
दीदार होंगें आज तो

सीता थी वो सावित्री थी वो
मेरे पिता वाचस्पति की
दीये में तेल भरने वाली
प्यारी सी भामती थी वो
पूछो पूछो कौन थी वह
चलती फिरती मन्द मन्द
समीर सी,ठंडक देने वाली

खिली खिली सी मेरी मां थी वह
उसी देवी मेहनत का

ये सुहावना प्रतिफल है
मेरी कोटि कोटि श्रंधांन्जलि
अर्पित उनको पल पल हैं ।

9. आंधीं

अब तो रिश्तों में आंधीं सी आ रही है
झकझोर कर डालियां तोड़ी जा रहीं है
हमारे घोंसले उड़े जा रहे है
अंडें भी फूटने के कगार पर आ रहें है
अपने दिल की बात भी कही नहीं जा रही है

एलबम में बसी छाया व मुस्कान को खोजकर
बुला रही हूं उन दिनों को आलमारी खोलकर
जो केवल अब मेरा दिल समझा रही रही है
ये झाया भी अब हमसे देखी नहीं जा रही है

चींचीं चूं चूं करता मेरा मन
अब इस धरा से भागा जा रहा हूं
सन्तोष और खुशी के वृक्ष डगमगाने लगे हैं
उनको पकड़ने की कोशिश में लड़खड़ा रही हूं

पता नहीं,मै तो बस अपने घरोंदें को बचा रहीं हूं
सोचती हूं कैसे मेरे अंडें फूटे
क्यों कर ये मेरे रिश्ते टूटे
क्या क्या मुझे मिला ये सिला
इन आंधियों से लड़ने का भला
पर ये भेद मैं किसी को पता नहीं पा रहीं हूं ।

10. मैं और तू

मेरी सुबह,तेरे ही नाम से शुरू होती है
मेरी शाम भी तेरे नाम से अस्त होती है
मैं कभी तेरी राधा होती हूं कभी तेरी मीरा होती हूं
कभी तार सप्तक में बजती हूं

कभी सरगम में रोती हूं
अहिल्या सी प्रतीक्षा है मेरी
शबरी बैठी हो ले झूठे बेरो की ढेरी
अशोक वाटिका में बैठी तेरे लिए आह भरती हूं

त्रिजटा के डराने से भी नहीं डरती हूं
द्रौपदी के चीर को समेटकर
भरी सभा मे लज्जित हूं तेरी होकर
जब लगा दिया था मुझको दांव पर
मै तेरे चौसर की बाजी की चाल होती हूं

अपनी आंखों पर पट्टी बांधकर
अपना जीवन कर दिया तुझ पर न्यौछावर
किया पुत्रों को बलिदान,हस्तिनापुर की खातिर
महाभारत के लिए कृष्ण जैसे इष्ट को शापदेतीहूं
कभी तेरी राधा होती हूं कभी तेरी मीरा होती हूं

11. दबे पैर

आज जा रहे हो
जाओ चले जाओ
चुपचाप ही दबे पैर निकल जाओ
विदा करने कोई क्यों आयेगा
बहुत कोहराम मचाया है
त्राहि त्राहि कर वाया है
तूफान भी आता है
साथ जलजला भी लाता है
उथल पुथल तो मचाता है
पर शेष कुछ निशां छोड़ जाता है
जिसमें हम कुछ ढूंढते है
खोजते है
टुकडे टुकड़े जोड़कर
फिर से हिम्मत बटोरते है
अवशेषों से आशियां बसाने का सपना देखते है
पर तुमने तो निंशा छोड़े ही नहीं
जो तुम्हारे जाने के बाद
कुछ समेट लेतें
किसी को गले लगा लेते
आंसू ही पौंछ देते
कह देते कि तूफान है गुज़र जायेगा
हां तुम्हारे दिये दाग तो मिटेंगें नहीं
उन्हें समेट नहीं पायेंगें
और गुज़रते हुए उस कारवां को

देखते ही रह जायेंगे
जाओ जाओ ,कभी इस रूप में न आओं

12. मां पर कविता

वो तो हमेशा छिलके ही,उतारती है
कहीं मेरे हलक में न अटक जायें
मेरी देह हो आत्मा हो या कोई वस्तु
मेरी सोच हो या विचारधारा
मटर के दाने निकाल कर
रख देती है मूंगफली छीलकर
चने के होले भूनकर
छिलका छिलका चुनकर
उसने ही तो रखें है हमेशा
मेरी उलझी सी हथेली पर
उतार देती है मुझको वास्तविकता की
धरा पर उतार कर
देखो सागर,वर्षा,मोर पपीहा
जिन पर सब कुछ लिख जाती हूं
चन्द्रमा सूरज,की परिक्रमा कर आती हूं

बहुत सी कविताएं लिख जाती हूं
नहीं लिख पाती तो केवल उस तन पर
नहीं जिया जिसने मेरी खातिर मन भर
हां, मैं मां पर कविता नहीं लिख पाती हूं ।

13. तितीक्षा

अंगना बुहार कर
फूलोंकी बौछार कर
जोहती रहूंगी प्रिय तेरी बाट
बिछा के टूटी सी खाट
जिस पर पड़ी हैं फटी सी टाट
मैं तो पलक पांवड़े बिछाएऊंगी
शबरी बन जाऊंगी
फिर चख चख के फेर खिलाऊं
लक्ष्मन को पर कैसे समझाऊं
खट्टे खट्टे मैं का जाऊं
मीठे बेरों से प्रिय को भोग लगाएं
आज तक जो तितीक्षा थी अधूरी
आपके आने से हुई है पूरी ।

14. आईना

देखती हूं
परखती हुं
सीखती हूं
लिखती हूं
इन कविताओं को
यही वह साधन है
 जो जोड़े रखता है मुझे
इस समाज से
संवेदनाओं से
भावनाओं से
और कल्पनाओं से
और जीवन की हकीकत से
इन शब्दों के सहारे
उस हक तक पहुंच जाती हूं
जो तुम मुझे देते हो
तभी तो मैं,करीब पाती हूं
तुम्हारे, उनके,उन सबके
सभी कुछ तो कहने का प्रयास करती हूं
जो देखती हूं अपने आस-पास
समाज में ,इस दुनियां में
जो घटित हो रहा है
तभी तो उड़ेल देती हूं
अपनी अनकही भावनाओं का सागर
क्योंकि मेरी कविताओं के शब्द

तुम पर और आप पर ही समाप्त होते है
तब एक आईना दिखाने की कोशिश करती हूं
जो शायद कविता का रूप ले लेती है।

15. खुद से मिलन

खड़ी होकर,आईने के सामने
मुस्करा रही हूं मैं
कुछ क्षण अकेले में ही
खुद के साथ बिता रही हूं मैं
रिश्ते भी तो मुझसे ही है
स्वयं को ये बता रही हूं मैं
उससे पहले खुद को ही
नहीं समझ पा रहीं हूं मैं
मेरे उनके जैसे अनेकों के
फेर से निकलती जा रही हूं मैं
ये अब जो जीवन मेरा अपना है
अपने लिए ही जिये जा रही हूं मैं
गमों ने कुछ यूं घेरा है मुझको
उनको तो धत्ता बता रहीं हूं मैं
आज गौर से देखकर आईने को
खुद को चमका रही हूं मैं

साथ में बैठी हूं आज अपने मैं
और बे वजह खिलती जा रहीं हूं मैं
खुशी के जो क्षण दिये आईने ने
उनको जी भर गुज़ारे जा रही हूं मैं ।

16. रूपमंजरी

मैने उसको पत्थरों पर बैठे देखा
यौवन को चू चू कर बहते देखा
श्रम करती उस कमलनयनी के
हाड़ मांस को गलते देखा
फिर भी खूब मचलते देखा,
खुली धूप में खिलते देखा
कोमल हाथ हुए थे भद्दे
श्याम हुआ उसका कंचन तन
जैसे ज्वर चढ़ता हो पल पल
फिर भी दिल में नहीं थी खलबल
उसी तन को पल पल छिन छिन ढहते देखा
जब ठंडी ठंडी बयार बही थी
वह तो उसमें भी हुंकार भरे थी
हाथ था घायल,बज रही मन की पायल
बारिश की बौछारों में भी
उसका रूप निखरते देखा
जैसे बाती जल जाती है
राख कहीं न दिख पाती है
कोहरा ,पाला उसके संगी साथी
उनमें ही बैठी वह हुलसाती
मन की गर्द हटाते देखा
धूल हटी जब चमका चेहरा
लालिमा ने डाला था पहरा
सूर्य स्नान में उसका बहे पसीना

ऐसी थी वह केवल एक हसीना
उस देह की रूपमंजरी को मैने खिलते हुए चमन सा देखा

17. भोले का ब्याह

सुनो मृत्युंजय, आज पृथ्वी पर आओगे
मुझको ब्याह कर लें जाओगे
विषधर लपेटकर आज भी क्या
माता मेरी को डराओगे
सुनो महाकाल कहलाओगे
इस प्रलय को कब तक मिटाओगे
दुष्टों का दमन अब करवाओगे
मैं डर गयी हूं इन झंझावातों से
क्या तांडव तुम कर पाओगे
तुम प्रंलयकर बन जाओगे
गंगा को शीर्ष धराओगे
उसके सारे कष्ट मिटाओगे
या फिर सारी सृष्टि को हिलाओगे
अपने शशी का तेज दिखाओगे
डमरू बजाकर शान्ति लाओगे
अपनी बारात में कांवरियों को नचवाओगे
भांग धतूरा उन्हें खिलाओगे
खुद मंथन का जहर पी जाओगे
तुम नीलकण्ठ कहलाएंगे
सोमनाथ में तुम्हीं समझाओगे
सुनो मृत्युंजय,आज पृथ्वी पर आओगे
मुझको ब्याह कर लें जाओगे

18. धुंध

बाहर कुछ धुंध सी है
कुछ कोहरे सी,कुछ धूल की सी
कुछ बिन मौसम बरसात की
नहीं है तो,वो गुनगुनी सी धूप
वो हवा की बहती सरसराहट
जिससे मेरे पूरे शरीर में झुरझुरी सी निकल जाती थी
इस अनचाही सी धुंध ने,मुझे भी घेर लिया है
खो सी गई हूं कहीं
शंकाओं से,नफरतों से
मन में उभरते सन्देहों से
मैं भी कहीं खो गई हूं इनमें
बाहर फैली हुई धुंध में
मेरी आकृति साफ नहीं दिखाई देती है
और इन संशयों के चलते
मैं अजीब सी दुघर्टनाओं का शिकार हो जाती हूं ।

19. जलंधर

तपती धूप में उदास बैठकर
ताक रही हूं मैं अम्बर
कब तक धरा तू भीग जायेगी
बता कब आयेंगे तेरे जलंधर
फूलों के है अधर मुरझाये
वसुधा पर अग्नि के साये
वन भी विकल हैं पक्षी अकुलाये
आओगे कब नींर क्षीर के सैलाब
सूखी नदी है सूखे नारे तालाब
सूख रही सब धाराओं की आब
धरा कैसे अब श्रंगार करें
अब होगा धरा का स्वयंवर
तपती धरा रक्त से लाल
चेतन सभी लगे हैं निष्प्राण
जीव जन्तु की जल रही काया
मेघ कृपा को मन है तरसाया
बनकर मेह बरसों तुम मेघ
धरा पर प्राण लेंगे अति वेग
कैसे अब हम जियेंगे अपने प्राण
धरा पर कृपा कर दो हे कृपा निधान

20. यदि

यदि आज मेरे साथ होते
तो कुछ और बात होती
तुम भी कुछ और होते
मैं भी कुछ और होती
खुशियों के आईने में
चुगते हम प्यार के मोती
तो कुछ और बात होती
बरसात का ये महीना
मौसम को भी आया पसीना
वर्षा भी झूमकर झूमकर गिराती
सफेद गोल गोल मोती
मोगरे का गज़रा लगाकर मैं
अपना सुन्दर जूड़ा सजोंती
तो कुछ और बात होती
गिरती हुई बूंदों से मेरे भी
जीवन में मिलन के प्रकाश की ज्योति
मुझे इस बिंदिया से प्रीत होती
मेरी मांग सजाती लाल रंग के मोती
तो कुछ और बात होती
इस सुन्दर से उपवन में
जब भंवरा गीत गाता
शर्मो हया से मेरा तो
रंग ही लाल हो जाता

समुद्र के उफान पर ये नदिया भी
तो अपना धैर्य खोती
तो कुछ और बात होती ।

21. करार

सोचकर,विचार कर
श्रम से अपना श्रृंगार कर
कुछ भी पाने की चाह में
स्वयं का विस्तार कर,स्वंय से करार कर
सोचा जब औरोंके लिए
जीवन का मूल्य बढ़ा तभी
दूसरों के काम आये जब कभी
सबका उपकार कर, स्वंय से करार कर
चलेगी यूं तो दुनिया कदम कदम पर
रहेंगीं उनकी नजरें भी अपने लक्ष्य पर
अपने स्वार्थ हित होगी,उनकी तलाश भर
पर तू सबसे प्रेम कर, स्वयं से करार कर
चलें जायेंगे ये तो मतलब निकाल कर
स्वार्थ के अजीब रिश्ते हैं ये
नहीं पहचानेंगे ये तुझे पहचान कर
पर तू स्वयं अपना काम कर, स्वयं करार कर

22. पूस की एक रात

हल्कू की है नार नवेली
हवा चलें थी सेली सेली
ओस कर रही धरती गीली
सौंधी सी सुगन्ध ने मन मोहा
मौसम हुआ बड़ा निर्मोहा
पूस की रात हुई बरफीली
घर में छोड़ी नार नवेली
सूखे पत्तों की थी हम जोली
आग जलाते तो वह कैसै
श्वान संग में घूम रहा था जैसे
पिया मिलन चाह में जैसे
गौरी पड़ गयी हो पीली
हल्कू तो बैचेन हुआ है
नींद का हमला चढ़ा हुआ है
झुन्ड के झुन्ड चर गये ऐसे
खल चूरी का मिश्रण हो जैसे
हल्कू अब खेत बचाये कैसे
गौरी ने उसकी नींद चुराली
सारे खेत दिख रहे खाली
नहीं बची थी कोई पुराली
क्यों तुम इतना दर्द सहे हो
खुले में सोने से तो मुक्त ही हुए हो
सुनना साहुकार की बोली
देगा जब गिन गिन कर गाली

सेली हवा अब अंगार लगे थी
धान की इच्छा आग लगे थी
पूस की रात बड़ी डरावनी
फसल बोयेगें हम सावनी
गौरी की बाहों को पकड़कर
हल्कू ने भरली थी कौली ।

23. पूनम की रात

शरद पूनम की रात
आज आयेगें चांद
सोलह कलाओं के साथ
तुम भी साथ चले आना
ठंडी हवाओं के झोंके के संग
मुझ पर प्यार बरसाना
अमृत बरसायेगा जब चांद
शीतल चांदनी के साथ
खाकर मीठी मीठी खीर
तृप्त होकर हर्षाना
दिल में तड़प लिए
गोपी वन वन फिरे व्याकुल
सहे आज की रात
शीत का घात
चमचमाती रश्मियों का कोलाहल
सारी खुशियों के उपहार देकर
मुझ संग रास रचा जाना

24. भीगा मन

अब तो बारिश की फुहारें भी
छलनी करने लगी हैं
मेरी पीड़ा भीगकर
गीली लगने लगी है
बारिश के बाद,अब तो
बहार भी आने लगी है
मुझे तो ऐ मेरे हमदम

हर शै सताने लगी है
फुहारों से तो अब पत्ते व कलियां
नई चमक लाने लगी हैं
पर मेरी आंखें तो
दर्द के दाग धोने लगी हैं
आसमां की हर बदली तो
अब रंग दिखाने लगी है
मेरे सीने की ठंडक अब
मुझको ही जलाने लगी है
तूफान थमने से पहले ही
अंधेरी छाने लगी है
कहीं बह न जाऊं मैं
नदी भी रास्ता छुपाने लगी है
मेरे सब्र के समन्दर में
दर्द की लहरे हिलोरे लेने लगी है

थम जा मेरे तूफान
बारिश भी अब जानें लगी है ।

25. मनाही

सोती रहूं यूं ही दिनभर चाहे
पर इस दुनियां में,मुझे रात में सोने की मनाही है
घुट न जाये कहीं इन बन्धनों में मेरा ये दम
मुझे महफिलों में तो सांस भी लेने की मनाही है
खुदा का शुक्र है कि कहीं बिटिया होने पर जश्न तो मना
इस छलावे के बाजार में पुत्र पैदा होने की मनाही है
पूर्णिमा की थोड़ी सी चांदनी,अमावस सा अंधेरा है
रूप के इस बाजार ने तो यौवन की हाट लगाई है
ये बुलबुले सा बाजार मिटा देगी आशा की एक ही किरण
छांव देते इस दरख़्त को धूप में जाने की मनाही है
दिल को पत्थर बना लूं मै,मिटा दू सारी तोहमतें
भाग जाऊं इस कैद से मगर,वापस घर आने की मनाही है

26. सुन्दर घर

एक सुन्दर घर बनाऊंगीं
हंसतें हंसतें आ जायें न आंसू
जब तक मेरे गालोंपर
ऐसा रखूंगीं एक कोना वहांपर
जाकर उस कोनें में ठहाके लगाऊंगीं
आंगन बड़ा बड़ा सा होगा
पंलग निवाड़ी बिछाहोगा
उलट पलट कर आंख मूंदकर
कोना एक रखूंगी वहां पर
मैं तो आंख मिचौंनी खेल जाऊंगीं
खिड़की सारीखुली रखूंगीं
गौरैय्या उन पर झूलेंगी
उनके घरौदे कीचिड़िया बनकर मैं
तिनके खूब सजाऊंगीं
उस घौंसले में अण्डें देखकर
खुशी से ताली खूब बजाऊंगीं
बेल चढ़ेगी छप्पर ऊपर
फूल खिलेंगें उस गुलाब पर
तुलसी के पौधें की चुनरी
बारिश में घनी भीगकर
उस कोनेंमें खड़ी खड़ी मैं खुश्बू में खो जाऊंगीं

बरामदा प्यारा होगा एक
हुक्के रखें हुए अनेक

रोशनदानों से आती होगी हवा
थोड़ी थोड़ी बारिश,पछुआ सी हवा
लेकर अलौंतियौं को हथेली पर,मैंइठला जाऊंगीं

एक छोटी सी कच्ची सी
उसमें कोठरी भी होगी
जो ठन्डी और अंधेंरी होगी
आम नींबू के अचार के मर्तबानकी घुट्टी होगी
उस कोठरी में मैं दादी,नानी के राज छुपाऊंगीं

मुंडेंर पर रखी डिबिया को
तेल खत्म होने पर उछलना
बत्ती को आगे बढ़ाकर
फिर आग से जलाना
गुदड़ी से बनी गेंद मैं बन जाऊंगीं

लगाकर शाम को छत पर झाड़ू
पानी के छिड़काव के साथ
मच्छरदानी लगाकर
सोने का बहाना बनाकर
मै तो अपने असमंजस सुलझाऊंगीं

घर में कच्चे फर्श पर रजाई बिछाकर
उनसे लिपट कर कौली भरूंगी
प्यार की थपकी देकर के
शिकायतों का पिटारा भरकर
मैं हंस हंसकर रूदन मचाऊंगीं

अपनी बगिया के इन फूलों को
संस्कार की शिक्षा देकर
जहां पर फैले इनकी खुश्बू
भेज दूंगीं मैं इनको शहर दर शहर
इन सबकी ख्याति व उपलब्धि को सुनकरमैं पुनः जीवित हो जाऊंगीं।

27. निवेदन

तेरे नों ही रूप नहीं है
तेरे रूप है अपरम्पार
सुन ले सुन ले मेरी पुकार
विनती कर रहीं मै तेरे दरबार
मैय्या तेरे रूप हजार
हे मां महा काली
मधु और कैटभ को मारने वाली
बलात्कारियों का भी करदो संहार
बचा दो तुम हमारी लाज
मैय्या तेरे रूप हजार
महालक्ष्मी,धन बरसाने वाली
महिषासुर के मर्दन वाली
रोजगारों की हो भरमार
व्यापारों का हो वारा न्यार
मैय्या तेरे रूप हजार
चामुण्डा तुम सबकी सहाय
चण्ड मुण्ड लड़ने को आये
अब आंतकी जग से मिट जाय
मिट जायें हत्या का विचार
मैय्या तेरे रूप हजार
योगमाया के रूप में आई
बनकर बिजली आकाश में छाई
कंस के वंश का मिटा,नाम निशान
आज भी डरते है करणधार

मैय्या तेरे रूप हजार
जब रक्त दन्तिका तुम कहलाई
असुर वैप्रचिति को दहायी
आक्रमण कर दिया बारम्बार
देवताओं के दुख का अवसान
मैय्या तेरे रूप हजार
शाकुम्भरीदेवी नाम धरायी
धरती पर जब वर्षा लाई
अब भी सूखे स्रोतों में बहा दो जल धार
फसलों का होगा उद्धार
मैय्या तेरे रूप हजार
दुर्गा ने दुर्गम किया था पार
भैरौं को आदर सत्कार
अब सदगति की कर दो बौछार
पूजे जाने का उपहार
मैय्या तेरे रूप हजार
चन्डिका बनकर जब आई
नारियों की लाज बचायी
असुरों का किया रक्त का पान
नर मुण्डों की माला का हार
मैय्या तेरे रूप हजार

28. तड़प

कोई इन मेघों से कह दो
गरज गरज कर ना बरसे
मेरे घनश्याम के दिल में
इक दहल सी लगती है
हवाओं तुम दूर देश में बहो
मेरे आने वाले पैगामों को
क्या उड़ा कर ले जाने इरादा है
ये चिठठी आंधीं को अब हल्की सी लगती है

कोयल तू कूहुक कूहुक कर
क्यों गाती है ये नग़मे वृथा ही
तेरे पंचम सुर की रागनी भी मुझको
अब तो एकदम बेसुरी सी लगती है
चकोर तू चक्कर क्यों काटता है
उनके इर्द गिर्द अब भी पागल होकर
जलकर भी न समझ पाया
तेरी कुरबानी मुझको बेगानी सी लगती है
रात तू धीरे धीरे गुज़र
मेरे दर्द में ही है मेरा दिलबर
दर्द सहती रहूं और सहलाती रहूं
बाकी तो ये दुनियां बेमानी सी लगती है

29. प्रतीक्षा

छज्जे पर दिये जला रहीं हूं
तेरे पथ पर फूल बिछा रहीं हूं
आओगे जिस दिन इस पथ पर प्रियतम
इसीलिए मैं मेहदी लगा रही हूं
प्राणों मे भरकर प्रेम व करूणा
सन्देश तुमको भिजवा रहीं हूं
फूलों से लेकर पराग मैं अब तो
पंखुंरिया मैं बिछा रहीं हूं
मेरे प्राणों का ये तार तार
स्पन्दन से करे पुकार
सज कर बैठी हूं राह में तेरी
बालों में गज़रा सजा रहीं हूं
मिलना तो अवश्य है नियति में
खिल जायेगें सुमन तेरी स्मृति में
आसूं पथ को कहीं भिगो न देवे
पथ को पलको से बुहार रहीं हूं ।

30. प्राण धात्री

वह मटर के दाने छीलती
मूंगफली की गिरी निकालती
चने के होले भूनती
छिलका छिलका उतार कर
रख देती मेरी हथेली पर
वह छिलके ही उतारती
कहीं मेरी राह के कांटे न बन जाएं
चाहे मेरा गला हो सोच हो या विचारधारा
मेरी देह हो या मेरी आत्मा
सागर बूंदें और मोर पपीहा
मेरे मन में उतर जाते
चन्द्रमा चकोर जैसे ही
सूरज और बादल भी परिक्रमा कर जाते
मेरे मन में कविताएं बन जाती
नहीं लिखा जाता उस ममतामयी पर
जो नहीं जी पायी अपना जीवन
मेरी खातिर कभी मन भर
सब कुछ लिख जाती हूं सब पर
नहीं लिख पाती मैं उस प्राण धात्री मां पर।

31. प्रलय

प्रकृति जब हमसे रूठ जाती है
तब प्रलय,विनाश का डंका बजाती है
जो भिन्न भिन्न नामों से आती है
वह अपना प्रकोप दिखाती है
बरस बरस कर बाढ़ बन जाती है
छोटा बड़ा अमीर गरीब सब में से
भेदभाव मिटा जाती है कहती है
एक समान,सब यही पाठ पढ़ाती है
चक्रवात का मचाकर तांडव
भंयकर भूचाल ले आती है
छोटे बड़े सभी भवनों को
पल में धराशाही कर जाती है
पलट देती है पलभर में
सभी वाहनों और रेलगाड़ी को
बदल देती है लाशों में मानव को
लाखों करोड़ो की जोड़ी को
नदियों में उफान भरवाती है
केदारनाथ में बादल फटवाती है
सबके घरों को खिलौने की तरह
जल प्रलय में बहा ले जाती है
जब अपना विकराल रूप दिखाती है
बिना माचिस के ही,वनों को जलाती है
मानव की त्रुटि केही कारण तो तब
असहायों की हत्या हो जाती है

सभलों ऐ मानव,तुम्हें ये
बात समझ क्यों नहीं आती है
ये प्रकृति है विवश होकर के
अपने विकराल रूप में आ जाती है
ये उसकी ही भेजी प्रलय है
विभिन्न नाम धराती है
कहीं कही पर सूखे के नाम से
बड़ा अकाल पड़वा ती है ।

32. प्रलय

प्रकृति जब हमसे रूठ जाती है
तब प्रलय,विनाश का डंका बजाती है
जो भिन्न भिन्न नामों से आती है
वह अपना प्रकोप दिखाती है
बरस बरस कर बाढ़ बन जाती है
छोटा बड़ा अमीर गरीब सब में से
भेदभाव मिटा जाती है कहती है
एक समान,सब यही पाठ पढ़ाती है
चक्रवात का मचाकर तांडव
भंयकर भूचाल ले आती है
छोटे बड़े सभी भवनों को
पल में धराशाही कर जाती है
पलट देती है पलभर में
सभी वाहनों और रेलगाड़ी को
बदल देती है लाशों में मानव को
लाखों करोड़ो की जोड़ी को
नदियों में उफान भरवाती है
केदारनाथ में बादल फटवाती है
सबके घरों को खिलौने की तरह
जल प्रलय में बहा ले जाती है
जब अपना विकराल रूप दिखाती है
बिना माचिस के ही,वनों को जलाती है
मानव की त्रुटि केही कारण तो तब
असहायों की हत्या हो जाती है

सभलों ऐ मानव,तुम्हें ये
बात समझ क्यों नहीं आती है
ये प्रकृति है विवश होकर के
अपने विकराल रूप में आ जाती है
ये उसकी ही भेजी प्रलय है
विभिन्न नाम धराती है
कहीं कही पर सूखे के नाम से
बड़ा अकाल पड़वा ती है ।

33. नई परिभाषा

सुनो ,ओ मेहनत कश कन्धों
बोझिल ना होना
अब तुम किसी का भार ना ढोना
उन पर तो नयी फसल बोना
हिम्मत को बुलावा देना
अपनी फसल को खाद पानी देना
उस अंधेंरी गुफा से बाहर निकल कर तो देखो
अब तो बरफ की चट्टाने पिघल रही हैं
भालू खाना ढूंढ रहा है
गिलहरी भी फुद्दकी मार रही है
मत भूलो जब चट्टान पिघलेगी
तो हमारे दबे हुए हथियार
नयी धार के साथ चमकेगें
और तब लिखेंगें नई गाथा,नयी आशा के साथ
नये अर्थ और नई परिभाषा
और उदय होगा नयी पर्वत श्रंखला का
जो शीश ऊंचा करके खड़े होंगें
जिनके कन्धे अपनी मंजिल स्वयं ढूंढेंगे ।

34. जिन्दगी

तू अपना पता तो बता
कहां कहां रहती है तू
ऊंची ऊंची इमारतों में
या मेहनत से लिखी इबारतों में
वहां जहां सन्नाटे भरी सड़क पर
जहां हमारा भविष्य,घुटने ओढ़कर सोया है
या उन जूठे पत्तों पर थोड़ी सी भी
जूठन न देखकर के रोया है
तेरा क्या फलसफा है
और हमसे तेरी कैसी ये वफा है
बारिश में भी वह खुश हैथोड़े से सूखे बचे फुटपाथ पर
और वह जमकर रो रहा है टब की भी सुहानी बाथ पर
खाना खिलाने के लिए,मान मनौती करती
उस मां के ओंठो और कोमल अंगुलियों पर
या भोजन मागंते,उस बच्चे की
मलिन सी फैली हथेलियों पर
लुहार के हथोड़े की उस टंकार पर
अस्थायी बने ईंटों के चूल्हे के अंगार पर
जहां वह हथोंड़ा घुमा रही है
जमीं पर लेटे उसके बच्चे की किलकार पर
वहां,जहां अल्हड़ यौवन मुस्कुराता है
पत्थर ढो ढोकर भी संगीत सुनाता है
और उसे पचपन इंची में,राग बेसुरा लगता है
उसका मन तो केवल प्रिय मिलन को सुलगता है

झूले पर झूलती उस अछूती सी सुकुमारी के पास में
विवशता में करती उस पेशे के मोह बन्धन के पाश में और लॉन में
अपने प्रिय के संग बैठी
उस मुलायम सुन्दर घनी घास में
बेचने के लिए फुटपाथ पर रखे बैठी
बेरो के उस खट्टे मीठे ढेर में
या भीख मांगती,अस्सी बरस की उस
गीत गाती बुड्ढी के गाने की टेर में
जिन्दगी तू तो साफ निकल जाती है
और इल्जाम मौत के नाम लगाती है
लेकिन अपना पता नहीं बताती है
फिर भी अपना पता नहीं बताती है ।

35. तुम किसके जैसी हो

मां ,तुम किसके जैसी हो
मिस्सी रोटी पर घी लगी सी
आम पुदीने की चटनी सी
या फिर चूल्हा चौका बरतन सी तुम
चकला बेलन फूंकनी सी हो
मां ,तुम किसके जैसी हो

खुरदरी खाट के ऊपर तुम
रूई के गद्दे जैसी हो
आधी सोयी सी आधी जागी सी
तुम ठीक दुपहरी जैसी हो
मां ,तुम किसके जैसी हो
चिडिंयों को सुबह बाजरा खिलाती
कृष्ण की राधा और रूकमणी हो
मुर्गे की बांग से पहले ही जगती
घर के मन्दिर की घंटी जैसी हो
मां ,तुम किसके जैसी हो

बहन बेटी भाभी मां सी तुम तो
थोड़ी सी सहेली जैसी हो
पूरे दिन भर नाच नाचती रहती
रस्सी पर चलती उस लड़की के जैसी हो
मां, तुम किसके जैसी हो
बांट दिये सब आंख नाक ठुड्डी, माथा

रूप हम सबका तुमसे ही मिल पाता
जाने हो गयी हो कहां पर गुम तुम
पुराने एलबम में तो ,चंचल हिरणी जैसी हो
मां ,तुम किसके जैसी हो ।

36. मेरा मुल्क

मेरा मुल्क
सब मेरा ही तो है
ये तेरा मुल्क और ये मेरा मुल्क
हम सबका मुल्क
ये सब हमारा ही तो है
ये थल सेना, ये नभ सेना
ये लड़ते नेवी,के ज़हाज़ भी
ये इमामबाडां ,और चार मीनार भी
हजरतगंज और नवाब भी
ये सब हमारा ही तो है
कश्मीर से कन्याकुमारी तक
नेहरू से अटलबिहारी तक
हिमाचल से आसाम तक
कारगिल से उरी की शान तक
सब हमारा ही तो है
रामेश्वरम से कोणार्क तक
रामायण ,गीता,चारों वेद भी
तिरूपति से अक्षरधाम भी
अब्दुलकलाम से रामनाथ तक
सब हमारा ही तो है
ये लाल किले की इमारत भी
और ताज की प्रेम इबादत भी
ये कच्छ की खाड़ी तक
एवरेस्ट की ऊचीं पहाड़ी तक

सब हमारा ही तो है

शेरपा तेनजिंग से ,कल्पनाचावला तक
गौमुख,हरिद्वार के घाट भी
चरक से चाणक्य भी
मैरीन डाइव सेजुहू के पाट तक
सब हमारा ही तो है

ये शिवजी और महाराणा प्रताप भी
हावड़ा ब्रिज का वो झाल भी
लक्षमण झूले काकमाल भी
वो टैगोर और सुभाष भी
ये धनवन्तरि और विश्वकर्मा भी
वो वनों केसागौन,और साल भी
सब हमारा ही तो है।

37. आशियाना

न जाने क्यूं,मन करता है
छोड़ने को इस आशियाने को
जो कभी हुआ करता था
हमारा बसेरा प्रीत निभाने को
अब इन उदास सी गलियों से
भाग जाने को जी चाहता है
जहां खिला करते थे,मुहब्बत के गुल
हमारे दो दिलों को मिलवाने को
जहां भरी दुपहरी में भी
छाया बिखेर देता था हमारा हुस्न
और तुम घोर गरज कर पानी ले आते थे
ठंडी बारिश के लिए भी
जहां कचनार की कलियां
बरबस ही खिला करती थी
उस रात को बैंगनी बनाने के लिए
उस जगह दरख़्त फलों से लद जाते थे
जिस पतझड़ के जंगल में भी
तुम किस कदर कहर ढाते थे
अपनी अमराई से मुझे,धूप में भी
गहरा सुकून मिल जाता था
जिस बरसात भरे मौसम में
तुम लाये थे पकड़कर हाथ हमारा
उसी लाल किले से,इस ताजमहल को
जीवन भर यूं ही निहारा करती हूं ।

38. हिसाब मांगेगें

जब एकलव्य के जंग लगे ये तीर
पैने होते जायेंगें
और अपना निशाना लगायेंगें
ये हुक्मरान उत्तर न दें पायेंगें
कल हिसाब मांगेगें
गुरू द्रोणाचार्य भीजब सामने आयेंगें
तो कटे हुए उस अंगूठे का
आज के हस्तिनापुर को
क्या जबाब दें पायेंगें
सुनो ओ ऐशो आराम से,रहने वालो
अपने लिए बाणों की,शरशय्या,मत तैयार करो
ये कटे हुए हाथ,हिसाब मांगेगें
आज है मजबूर तो क्या
कल अवश्य ही जबाब मांगेगें

39. परिक्रमा

पृथ्वी की परिक्रमा
चलो उमा आज अपना
पाणिग्रहण करते है
सुनों प्रिया फिर पृथ्वी की
एक परिक्रमा करते हैं
इन धरती वासियों के
दुःख व ताप हरते है
क्या वहां पर आज भी
अखण्ड हवन कुण्ड
प्रज्जवलित होते हैं
और उमा अपने भोले के अपमान से
क्रोधित होकर हवन कुण्ड में कूद जाती है
और बहुत छटपटाती हैं
चाहे वह अपमान उनके
पिता ने ही क्यों न किया हो
और वहां के भोले अब भी
उस जली हुई उमा को लिए फिरते हैं
उस असीम प्रेम में खरे उतरतें हैं
अब भी वे सब कुछ त्याग कर
वैराग्य को ग्रहण करते हैं
और अपने लक्ष्य को पाने में
इतने बेसुध हो जाते हैं
कि किसी प्रकार के जहर के प्रभाव से भी
विचलित नहीं हो पाते हैं

और विरक्ति की भस्म मलकर
जीवन पर्यन्त एक ही
मृगछाला पर विराजते हैं
और परम लक्ष्य को पा जाते हैं ।

40. सहेली

चलूं आज अपनी पुरानी
सहेली का घर खटखटाती हूं
देखूं थक गई क्या,या अभी भी
पहले जैसी ही जगमगाती है
हंसती है अब भी ठहाका मारकर
या मन्द मन्द ही मुस्कुराती है
बताती है सारी आप बीती या
उपलब्धियां ही मुझे गिनाती है
जाकर देखती हूं आज भी क्या
मुझे देख कसकर लिपट जाती है
और घड़ी तरफ देखकर ,
मेरे आने का समय गलत बताती है
एक बार स्वयं को देखकर
दर्पण में निहार आती है
या गले लगाकर मुझको
सेल्फी लेने लग जाती है
दिल की बाते जब करती हूं तो
मुझे जमाने का रिवाज सिखाती है
और बात बात में ही मुझको
अपनी ढपली अपना राग का सबक सिखाती है

41. याद

इन पथरीली मूर्तियों में भी
जान आ जाती है
जब जब कोई विरही
विरह के गीत गाती है
उस जगह पर एक झरना उग आता है
जब आंखों से उसकी आंसू झरते हैं
उन कठोर पत्थरों को भी तो देखो
पिघलकर नदी बन जातें है
जब जब वह सुध बुध होकर
पिया मिलन के गीत गाती है
जैसे मीरा और सूर की भी
आवाज सुनाई देती है
उनकी प्रेम की गाथाओं की
अब भी जीवंत होती रहती है
जीवन की हर दरों-दीवारों में
बहती नदियों में ये कल कल करते पत्थर
जैसे दोहरा रहे हो उसी प्रेम कथा को
केवल प्रेमिका ही नहीं गुनगुनाती
गाया था,मीरा और सूर ने भी
अपने अपने पिया की याद में
कभी न भूलने वाली याद में
मिलने की फरियाद में ।

42. नमन

हिमालय जिनका शीश निहारे
सागर जिनके पैर पखारे,
भारत माता गोद में पाले
बरफ भी अपने आंचल में संभाले,
है नमन, उनको नमन, मेरा नमन!

बहनें जिनकी राखी लेकर
जैसे रणभूमि में खड़ी हुई,
दुल्हनों की आंखें भी
उसी दिशा में गड़ी हुई,
है नमन, उनको नमन , मेरा नमन!

माता उनकी झुकी कमर से,
झांक रही अपने चश्में से,
आस करे उनके आने की
बेटे को गले लगाने की,
है नमन , उनको नमन, मेरा नमन !

पिता उनके सबसे आंख बचाकर
बहु ,बेटी, पत्नि को समझाकर
खुद को धैर्य बंधाते अलग जाकर
है नमन, उन सैनिकों को नमन ,मेरा नमन!

43. आईना

देखती हूं
परखती हुं
सीखती हूं
लिखती हूं
इन कविताओं को
यही वह साधन है
जो जोड़े रखता है मुझे
इस समाज से
संवेदनाओं से
भावनाओं से
और कल्पनाओं से
और जीवन की हकीकत से
इन शब्दों के सहारे
उस हक तक पहुंच जाती हूं
जो तुम मुझे देते हो
तभी तो मैं,करीब पाती हूं
तुम्हारे, उनके,उन सबके
सभी कुछ तो कहने का प्रयास करती हूं
जो देखती हूं अपने आस-पास
समाज में ,इस दुनियां में
जो घटित हो रहा है
तभी तो उड़ेल देती हूं
अपनी अनकही भावनाओं का सागर
क्योंकि मेरी कविताओं के शब्द

तुम पर और आप पर ही समाप्त होते है
तब एक आईना दिखाने की कोशिश करती हूं
जो शायद कविता का रूप ले लेती है।

44. कोशिश

मिट जायेगें तेरे ,सारे कर्मो के लेख
बदल जायेंगीं तब तो,तेरे हाथों की रेख
ओ पथिक तू चला चल रे,लेकर अकेले कांरवां
फिर से कोशिश तो करके देख

मान मत इसे हादसा,
अगर तू कहीं, गिर जाये तो
ओ पथिक तू चला चल लेकर अकेले कारवां
हिम्मत जुटा फिर से तू,एक बार उठकर तो देख
जग को मत हसंने दे,तू अपनी व्यथा पर
क्या हुआ जो खायी शिकस्त तूने जीवन भर
ओ पथिक तू चला चल रे लेकर अकेले कांरवां
लिख दे रेत में भी,पत्थरों पर जीत के सन्देश

क्या कठिन है तेरे लिए,यूं रेत पर लिखना
मन के अरमानों का,यूं हींउस पर घर बना अपना
ओ पथिक तू चला चल रे,लेकर अकेले कांरवा
तूफान आयेगा,रेत में पत्थरों के घरोदें बनाकर देख
माना मानव है तू,फसेंगा माया के आगोश में
फसते हैवही,जो खोते है होश अपने जोश में

ओ पथिक तू चला चल ,लेकर अकेले कांरवा
तोड़कर उस जाल को,बाहर निकलकर तो देख
खोकर कुछ भी रोना नहीं,याद अगर जब आये

आना जाना तो चक्र है सबका,चाहे जो भी जाये

ओ पथिक तू चला चल लेकर अकेले कांरवां
जन्म मृत्यू के बन्धन से,ऊपर तो उठकर देख
फिर से कोशिश तो करके देख

45. आगमन

वसन्त आज आ गये तुम
मैं तुम्हारी चिरपरिचित सी कोयल
डोल रही हूं वन वन पुकारती
अपने प्रिय का पथ निहारती
इस आशा की बाट जोहती
आयेंगें मेरे भी सारथी
प्रेम के रथ में बैठूगीं
चाहे जहां ले जायें
इन बहारों में घुमायें
या गीता का सार सुनायें
होगा जो भी प्रभाव मुझ पर
वही शाशवत सत्य होगा
वह मेरी प्रतीक्षा का
अनन्त काल तक चलने वाला
प्यारा सा वसन्त होगा
जिसका न कभी अन्त होगा ।

46. अगर

अगर ऐसा हो जाये
जीवन के सुन्दर दृश्यों को
फिर से दोबारा जी पाऊं
बीत गये जो कई दशको में
काश मैं बच्ची बन जाऊं

मीठी मीठी तुतली बोलूं
सब के कानों में रस घोलूं
पानी को मैं पप्पा कह दूं
मां को अप्पा कह जाऊं
काश मैं बच्ची बन जाऊं

मिटटी लेकर मुटठी में मैं
छुप छुप कर खाती फिरू
जब मैं सबकी नजरों से घिरू तो
खाने का निमन्त्रण दे पाऊं
काश मैं बच्ची बन जाऊं

कापी और किताब के पन्ने
अलग अलग मैं कर डालूं
गृहकार्य न करने केमै तो
थकान का बहाना बना जाऊं
काश मैं बच्ची बन जाऊं

तितली को दौड़कर पकड़ू
पेड़ पर चढ़ने का करू प्रयास
गिरने पर सब पर अकड़ू
झूठी मूठी मै चोट दिखाऊं

काश मैं बच्ची बन जाऊं
लिपटु इनकी धोती उनकी चुनरी में
अपने अंगो पर कस पाऊं
भर कर रूप दुल्हन का मैं तो
घुस पंलग के नीचे शरमाऊं
काश मैं बच्ची बन जाऊं
अब खाऊं मैं कैसे चाट पकौड़ा
कैसे आम पापड़ चबा जाऊं
पानी की पूरी को देखकर अब तो
मैं खड़ी खड़ी ही ललचाऊं
काश मैं बच्ची बन जाऊं
कम चबता है कम दिखता है
कमर और गर्दन में अब तो
अन्तर भी थोड़ा लगता है
बीत गया जो छः दशको में
वो नूरानी जीवन कैसे लौटाऊं
काश मैं बच्ची बन जाऊं

47. प्रण

काम देने का कितना ही करलो करार
निराई करेंगें गुड़ाई करेंगें हम यार
अपनी उबड़ खाबड़ बंजर को भी
सोने की खान बनायेंगे हम
अब वापस शहर नही जायेंगें हम

वहधरती जब ओढ़ेगी धानी चुनरिया
सुनहरी बालों की लहर लहरिया
सुनहरें रंग संग हरी पत्ती की किनारी
जैसे पहन इठलायेगें हम
अब वापस शहर नहीं जायेंगें हम

गेंहूं की लहराती ज्वारा
बीच में सरसों की आड़ की धारा
पीली सरसों के तेल में ही
देसी घी जैसे तर हो जायेंगें हम
अब वापस शहर नहीं जायेंगे हम

मटर की आड़ो में अरहर झूमेंगी
बारहवें माह में ,जेठ संग पकेगी
पानी जैसी ये पातरी,सुपारी जैसा रंग
सूखी खटाई की फांक डालकर खायेंगे हम
अब वापस शहर नहीं जायेंगे हम

कच्ची अमियां जब आयेगीं
तौड़ तौड़ के लायेंगे हम
हरे पुदीने की चटनी के साथ में
घी चुपड़ी मिस्सी रोटी खयेंगें हम
अब वापस शहर नहीं जायेगें हम

मटठे के संग में मक्खन होगा
गुड़ का एक गिदौड़ा होगा
कन्डों का बड़ा बिटौरा होगा
सर्दी मे चूल्हे के ऊपर धूनी बड़ी रमायेंगें हम
अबवापस शहर नहीं जायेंगें हम

नव रात्रि में मेला और दशहरा होगा
गांव में बन्दनवार सजा भी होगा
कानों पर रख कर जौं के ज्वारे
चढा चढा प्रसाद देवी को भी
संकट समस्त मिटायेंगे हम
अब वापस शहर नहीं जायेंगें हम

चौपालों पर आग सुलगेगी
चप्पे चप्पे पीतल के चमकते हुक्के होंगें
सुनकर अपनें बूढ़ों से कहानी
चिलम भरेंगें वहीं पुरानी
ठहाके जोरदार लगायेंगे हम
अब वापस शहर नहीं जायेंगें हम

होली तीज दिवाली होगी

फगवा गीत और लुढढी होंगीं
गुझिया सिवई कचौरी के संग
सावन के मल्हार गायेंगें हम
अब वापस शहर नहीं जायेंगें हम

छुप छुप खीचें उनकी चुनरिया
जल भरने जो आये गुजरिया
नथनी लहरावे उसकी बाजे पैजनियां
चुप चुप प्यार की पेंग बढ़ायेंगें हम
अब वापस शहर नहीं जायेंगें हम

खोद खोद कर गहरे बोरवेल हम
इसी मिट्टी को ही सोना बनायेंगेंहम
जल केअधिक से अधिक स्रोत बढ़ायेंगें हम
पर अब वापस शहर बिल्कुल भी नहीं जायेगें हम

48. मुलाकात

आज मुलाकात हुई
मेरी समय से
जिन्दगी से
जाती हुई उम्र से
मैने उनसे कहा
जरा ठहरो तो सही
इतनी तेजी से क्यों भाग रहे हो
जरा धीरे धीरे चलो
हमें भी साथ ले लो
वे सब हंसनें लगे
मेरी मजाक उड़ानें लगे
और हंस हंस कर बोले
मैं उम्र हूं ठहरती नहीं हूं
मै जिन्दगी हूं
किसी के लिए रूकती नहीं हूं
मैं समय हूं
सब कुछ मेरे ही चक्र के साथ ही घटता है
हम तीनों को पाना चाहते हो
हर कदम हमारे साथ चलो ।

49. शहर और पत्थर

यह पत्थरों का शहर है
हम मूर्तियां है इस शहर की
देख रहे हैं ताण्डव नृत्य
गली में,मुहल्ले में, नगर में शहर में
प्रदेश में,देश में और विदेश में
अनाचार का
बलात्कार का
शोषण का
कुपोषण का
अनीति का
और सिद्धान्त विहीन राजनीति का
नहीं है कोई भी हलचल
इन मूर्तियों मे
दबा दी गयी है जो
विशाल पत्थरों से
जो बने है आतंकवाद से
उगृवाद से
या कोरे आदर्शवाद के
व्याकुल हूं प्रतीक्षा में मैं
उस क्षण की,होगी जब हलचल
इन पत्थरों की मूर्तियों में
होगा जब भीषण विस्फोट
ज्वालामुखी बन
भस्म कर देंगी उन हालातों को

इक तबाही के मंजर के बाद
देखना फिर क्या होगा
सोचो
जरा सोचो

50. धनक

उसकी हंसीं के पीछे
मेरे कंगन की खनक है
वह हंसकर दिखाये तो सही
मेरे मन की ये धनक है

उसकी तो प्यास के पीछे भी
मेरे चेहरे की चमक है
वह रसपान करके देखे
मुझे तो पानी की धनक है

उसकी हस्ती के पीछे ही
खड़ी थी मेरी परछांईयां
और मेरा अस्तित्व भी उससे ही है
मुझे तो बस देखने की ही धनक है

उसकी शरारतें भी उल्लास है मेरा
उन्हीं बीती हुई मस्तियों में मेरा बसेरा
वैसी ही बसा दो बस्ती उसी अरमान से
मुझे तो बस उसी में बसने की धनक है

उसकी जुल्फों के साये भी अब
घुंघराले से नजर नहीं आते है
उनमें मैं तो घुमाव ही ढूंढती हूं
मुझे तो उनमें ही उलझने की धनक है

उसका इस तरह से मिलना
और मिलकर के फिर बिछुड़ना
चलन होगा शायद इस संसार का
मुझे तो मिलकर ही मिटने की धनक है

खनक चमक उलझन और बिछड़न
और उनमें रम जाने की धड़कन में यूं
उसी पर जीवन भर मर मिटने की इच्छा में
ये तो सारी जिन्दगी ही धनक है

51. रचना

वे भी तो अनोखी रचनायें थी
उस परमात्मा की
उन्होंने शास्त्र ग्रन्थ तो नहीं देखे थे
उनके लिए पत्र पत्रिका अजूबे जैसे थे
जैसे काला अक्षर हो भैंस बराबर
फिर भी आंखों में बड़ें बड़ें सपने थे
पढ़ लेती थी मन की भाषा
सब सारी अभिलाषा
दिल की दबी सी ख्वाहिशें
चेहरे की मुस्कराहटें
इन किताबों को पढ़ने में असमर्थ सी
सच्चे मन से सुन्दर सी कहानी गढ़ती
लोरियां गा गा थपकी देती
गीतों से ही सबकी पीर हर लेती
अपने पर्दें से छांक छांक कर
उन घने बालों की अमराई में
पर बारिश में भीगनें पर
नृत्य की सी भंगिंमां बनाकर
उस भीगी हुई धरा पर
सोंधीं सी खुशबू बिखेरती
और अपने खुश होंने का अहसास कराती
जीवन भर घर की उसी चार दीवारी को
अपनी जिन्दगीं का लक्ष्य मानकर
अन्तिम आशियाना बना लेती

घर के बुर्जुगों की इज्जत का ध्यान कर
उसी में ही बिता देती अपना सारा जीवन
कर देती थीं सारे ही अरमां कुरबान उस परिवार पर
यही लक्ष्य था इसी इच्छा में इसी जिजीविषा से ।

52. सम्मोहन

मुलाकात थी या था कुछ सम्मोहन
मैं तो एकटक देखती ही रह गयी
बादल भी कहीं बरसा भी नहीं
और मैं पानी में भीगती ही रह गयी

उनके आगोश के अहसास का बन्धन
ऐसा कसा हुआ था मेरे भी अहसास में
कसमसाती रही सवेरा होने तक यूं ही
और उन ख्यालों में खोकर रह गयी

ये किस्मत भी आखिर कितनी शातिर है
कभी भी शतरंज की चाल चल देती है
मैं चकोरी बन चक्कर लगाती ही रही
और उस दाग को देखती ही रह गयी

अब उनके दामन से लिपटी रहूं मैं
और कैसे छोड़ दूं ये साथ उनका
मैं तो दीवानी हूं उनकी अब भी
रात भर उनको ही पुकारती रह गयी

www.ingramcontent.com/pod-product-compliance
Lightning Source LLC
LaVergne TN
LVHW022015200926
848481LV00007B/2410